새가족
성경공부

강 효 민 지음

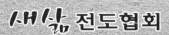 전도협회

새가족 성경공부

지은이 | 강효민

초판발행 | 2012년 2월 15일

발행처 | 새삶전도협회(www.nleva.org)

출판등록 | 제 25100-2007-26호

주 소 | 서울시 광진구 중곡동 157-1

전 화 | 02-458-0691

팩 스 | 02-453-9020

■ISBN | 978-89-960006-7-9 03230

■정 가 | 3,500원

■파본은 바꾸어 드립니다.

지은이 강효민
새삶침례교회(www.newlifebc.or.kr) 담임목사
새삶전도협회(www.nleva.org) 대표
미국 바이올라대학교 탈봇신학대학원 졸업(목회학 석사·박사)
저서 「복음의 능력」·「말하지 아니할 수 없습니다」·「세상 끝날의 일들」·「요한계시록이 보인다」 등

새가족 성경공부

이 세상에 좋은 책들이 많지만 성경만큼 좋은 책, 성경만큼 사람에게 유익을 주는 책은 없습니다. 성경은 사람을 지혜롭게 할 뿐 아니라 사람의 영혼을 살리는 놀라운 힘이 있습니다. 그러므로 사람은 다른 어떤 책보다도 성경을 알아야 하고, 성경을 공부해야 하는 것입니다. 성경을 공부하는 것은 즐겁고 행복한 경험이기도 합니다. 〈새가족 성경공부〉 교재를 가지고 성경을 공부하게 된 것을 진심으로 환영합니다. 이 공부를 통해 당신은 정말 귀한 것을 얻고 배우게 될 것입니다. 하나님의 은혜와 사랑이 당신에게 있기를 원합니다.

"모든 성경은 하나님의 감동으로 된 것으로 교훈과 책망과 바르게 함과 의로 교육하기에 유익하니"(디모데후서 3:16)

순 서

1단계

구원으로의 초대

구원은, 표현은 달리 해도, 모든 종교가 추구하는 것입니다. 사람이 받을 수 있는 최고의 복(福)도 구원이라 할 수 있습니다. 문제는 어떻게 구원받을 수 있느냐 하는 것입니다.

사람이 구원받기 위해서는 하나님을 알고, 자신을 알고, 예수 그리스도를 알아야 합니다. 그것을 알기 위해서 성경을 공부하는 것입니다. 열린 마음으로 이 교재를 공부함으로 당신도 구원에 이르게 되기를 간절히 기도드립니다.

"하나님은 모든 사람이 구원을 받으며 진리를 아는 데에 이르기를 원하시느니라"(디모데전서 2:4)

1. 성경에 대하여

1. 성경은 인류 최고의 베스트셀러입니다. 수많은 사람들이 성경을 읽었고, 수많은 사람들이 성경을 통해 변화되었습니다. 당신은 성경을 읽어보셨습니까? 성경에 대해 당신은 어떤 생각을 가지고 있습니까?

_____

_____

2. 성경은 어떻게 기록된 책인지 디모데후서 3장 16a절과 베드로후서 1장 21절을 찾아서 읽어봅시다.

_____

_____

> 성경은 약 1500년에 걸쳐 40여명의 사람들에 의해 기록되었습니다. 그럼에도 불구하고 성경에는 오류나 모순이 없고, 일관된 주제와 흐름이 있습니다. 그 이유는 성경이 하나님의 감동으로 기록된 하나님의 말씀이기 때문입니다.

3. 예수님은 성경에 대해서 뭐라고 하셨는지 마태복음 5장 18절과 요한복음 17장 17절을 읽어보세요.

_____

_____

4. 성경에는 어떤 유익과 능력이 있는지 아래 구절들을 찾아보고 말씀해 보세요.

1) 디모데후서 3장 16b절 _____

2) 시편 19편 7-8절 _____

3) 히브리서 4장 12-13절 _____

5. 요한복음 5장 39절과 20장 31절을 읽고 성경의 주인공은 누구이며, 성경이 기록된 목적은 무엇인지 알아봅시다.

_____

_____

성경은 구약과 신약으로 이루어져 있습니다. 구약은 모세오경(5권)·역사서(12권)·시가서(5권)·대선지서(5권)·소선지서(12권)로 이루어져 있으며, 신약은 복음서(4권)·역사서(1권)·바울서신(13권)·일반서신(8권)·예언서(1권)로 이루어져 있습니다. 구약 39권과 신약 27권이 합해져 66권의 완성된 성경을 이룹니다.

6. 오늘 공부한 내용을 통해 성경에 대해 당신은 무엇을 새롭게 배웠습니까?

_____

_____

과제

1) 오늘 살펴본 성경 구절들 중에서 중요하다고 생각되는 구절들을 써보세요.

2) 디모데후서 3장 16절을 암송하세요.

3) 요한복음 1-5장을 읽으세요.

2. 하나님에 대하여

1. 성경은 하나님의 존재를 증명하는 책이 아닙니다. 성경은 하나님이 당연히 계시는 것으로 시작이 됩니다(창세기 1:1). 성경 외에 하나님은 무엇을 통하여 자신을 나타내시는지 시편 19편 1-4a절과 로마서 1장 20절을 읽고 말씀해 보세요.

_____

_____

우주의 기원에 대해서, 저절로 생겼다고 믿는 것이 '과학적'이라고 생각하는 사람들이 있습니다. 그런데 잘 생각해보면 그것처럼 비과학적인 생각도 없습니다. 모든 물건에는 만든 이가 있듯이 우주만물도 만든 이가 있습니다. 내 눈에 하나님이 보이지 않는다고 해서, 하나님은 안 계시고 우주는 저절로 생겼다고 말한다면 그것처럼 비과학적인 발상이 어디에 있겠습니까! 하나님을 믿는 데도 믿음이 필요하지만, 하나님을 믿지 않는 데는 더 큰 믿음이 필요하다는 생각이 들지 않습니까?

2. 하나님의 존재를 부인하는 사람들에 대해 성경은 뭐라고 하는지 시편 53편 1절과 10편 4절을 읽어봅시다.

_____

_____

3. 하나님은 어떤 분이신지 아래 성경 구절들을 읽고 말씀해 보세요.

   1) 출애굽기 3장 14절 _____

   2) 요한복음 4장 24절 _____

   3) 예레미야 23장 24절 _____

   4) 사도행전 17장 24-25절 _____

   5) 창세기 17장 1절 _____

   6) 레위기 11장 44-45절 _____

4. 하나님은 나의 삶과 어떤 관계가 있는지 시편 139편 13, 15-16, 2-4절을 읽고 말씀해 보세요.

_____

_____

과 제

   1) 오늘 살펴본 성경 구절들 중에서 중요하다고 생각되는 구절들을 써보세요.

   2) 로마서 1장 20절을 암송하세요.

   3) 요한복음 6-10장을 읽으세요.

3. 사람에 대하여

1. 사람은 어디서 왔을까요? 사람의 기원에 대해서 성경은 무엇을 말하는지 창세기 2장 7절과 1장 27-28절을 읽어봅시다.

_____

_____

2. 사람은 수고하며 살다가 결국에는 한 줌의 흙으로 돌아가게 됩니다. 그 이유가 무엇인지 창세기 3장 17-19절과 로마서 5장 12절을 읽고 말씀해 보세요.

_____

_____

3. 죄 때문에 사람은 결국 죽는 것입니다. 사람들에게 어떤 죄가 있는지 마가복음 7장 21-23절, 갈라디아서 5장 19-21a절, 로마서 1장 28-31절을 읽어봅시다.

_____

_____

하나님의 기준으로 볼 때 죄인 아닌 사람이 있을까요? 없습니다(로마서 3:10-12). 하나님을 떠나 사는 것 자체가 엄청난 죄요, 그것에서부터 모든 죄는 시작됩니다(로마서 1:28).

4. 하나님께서 사람을 창조하신 원래 목적은 무엇일까요? 이사야 43장 7절과 21 절을 읽고 말씀해 보세요.

_____

_____

> 하나님을 떠나 죄를 지으며 살아가는 인생은 결코 행복할 수 없습니다. 그런 인생을 두고 모세는 다음과 같이 말했습니다. "주께서 우리의 죄악을 주의 앞에 놓으시며, 우리의 은밀한 죄를 주의 얼굴 빛 가운데에 두셨사오니, 우리의 모든 날이 주의 분노 중에 지나가며 우리의 평생이 순식간에 다하였나이다. 우리의 연수가 칠십이요, 강건하면 팔십이라도 그 연수의 자랑은 수고와 슬픔뿐이요, 신속히 가니 우리가 날아가나이다"(시편 90:8-10).

5. 죽음 이후에는 어떤 일이 있는지 히브리서 9장 27절과 요한계시록 21장 8절을 통해 알아봅시다.

_____

_____

6. 당신은 당신이 죄인인 것을 알고 계십니까? 하나님께서 당신에게 원하시는 것이 무엇인지 베드로후서 3장 9b절을 읽고 말씀해 보세요.

_____

_____

> **과 제**
> 1) 오늘 살펴본 성경 구절들 중에서 중요하다고 생각되는 구절들을 써보세요.
> 2) 로마서 5장 12절을 암송하세요.
> 3) 요한복음 11-15장을 읽으세요.

4. 예수님에 대하여

1. 성경은 예수님에 대해서 무엇을 말하는지 빌립보서 2장 6-8절과 골로새서 1장 15-17절을 읽어봅시다.

_____

_____

> 예수님은 하나님께서 인간의 몸을 입고 이 땅에 오신 분입니다. 그분은 하나님 이셨기에 초자연적인 능력을 행할 수 있었고, 수많은 기적을 행할 수 있었습니다.

2. 하나님께서 인간의 몸으로 이 땅에 오신 목적이 무엇일까요? 십자가에서 처참 하게 돌아가신 이유가 무엇일까요? 마태복음 20장 28절, 요한일서 2장 2절, 이사야 53장 5-6절을 읽고 말씀해 보세요.

_____

_____

_____

3. 죽음 뒤에 예수님은 어떻게 되었을까요? 로마서 4장 25절을 읽고 말씀해 보세 요.

_____

_____

예수님은 3일 만에 다시 살아나셨습니다. 예수님의 부활은 구약에 예언된 내용이고, 많은 목격자들이 있었던 실제적인 사건입니다(사도행전 2:29-32, 13:30-35, 고린도전서 15:3-8).

4. 하나님께서 당신을 사랑하셔서 인간의 몸으로 이 땅에 오셨고, 당신을 위해 십자가에서 피 흘려 돌아가셨습니다. 이 사실을 믿고 받아들일 때 죄와 멸망에서 구원받고, 영원한 생명을 선물로 받게 됩니다(요한복음 3:16, 1:12, 로마서 10:9, 6:23). 당신은 예수님에 대해서 어떤 결단을 내리시겠습니까?

_____

_____

예수님을 통해 보여주신 하나님의 사랑을 받아들이기 원하면 다음과 같이 기도하십시오. "하나님, 저는 죄인입니다. 지금까지 저는 하나님을 떠나 살았습니다. 예수님께서 저를 위해 돌아가신 것도 몰랐습니다. 이제 예수님께서 저를 위해 돌아가신 것을 믿으며, 예수님을 저의 주님과 하나님으로 모셔 들이기 원합니다. 저를 받아주십시오. 예수님의 이름으로 기도드립니다. 아멘."

과 제

> 1) 오늘 살펴본 성경 구절들 중에서 중요하다고 생각되는 구절들을 써보세요.
> 2) 요한복음 1장 12절을 암송하세요.
> 3) 요한복음 16-21장을 읽으세요.

2단계

새 삶으로의 초대

구원받은 그리스도인은 예수 그리스도 안에서 새로운 삶을 살아야 합니다. 구원이 중요하기는 하지만 전부는 아닙니다. 구원은 새로운 시작을 의미하는 것입니다. 구원받은 그리스도인은 침례를 받아야 하며 교회를 중심으로 신앙생활을 해야 합니다. 이 성경공부가 당신을 그렇게 하도록 도와줄 것입니다. 열린 마음으로 공부해 나갈 때 하나님께서 특별하신 은혜와 축복으로 당신과 함께해 주시기를 기도합니다.

"그런즉 누구든지 그리스도 안에 있으면 새로운 피조물이라. 이전 것은 지나갔으니 보라 새 것이 되었도다"(고린도후서 5:17)

2단계 순서

1. 구원의 확신에 대하여

2. 침례에 대하여

3. 교회생활에 대하여

4. 개인 경건생활에 대하여

1. 구원의 확신에 대하여

1. 구원받은 그리스도인이라면 구원의 확신이 있어야 합니다. 구원의 확신이 왜 중요한 것일까요?

_____

_____

2. 신앙생활을 하는 사람들 중에는 구원의 확신 없이 신앙생활을 하는 사람들도 많습니다. 그들은 구원의 여부를 죽어봐야 아는 것으로 생각합니다. 그것에 대해 성경은 뭐라고 말씀하는지 고린도후서 13장 5절을 읽어봅시다.

_____

_____

3. 자신이 구원받은 것을 어떻게 알 수 있을까요? 요한일서 5장 13절을 읽고 말씀해 보세요.

_____

_____

> 구원의 확신은 항상 하나님의 말씀에 근거를 두어야 합니다. 자신의 감정이나 느낌, 주관적인 체험에 근거를 두면 흔들릴 수밖에 없습니다.

4. 구원받은 사람은 예수 그리스도 안에서 어떤 복을 누리게 되었는지 아래 성경 구절들을 읽고 말씀해 보세요.

   1) 에베소서 1장 7절 _____

   2) 로마서 3장 24절 _____

   3) 요한복음 1장 12절 _____

   4) 요한복음 5장 24절, 10장 28절 _____

   5) 요한복음 14장 3절 _____

5. 구원받은 사람의 마음속에는 성령님이 계십니다. 성령님께서는 구원의 확신과 관련해서 어떤 일을 하시는지 로마서 8장 16절을 읽고 말씀해 보세요.

_____

_____

6. 당신은 구원의 확신이 있습니까? 당신이 구원받은 것을 어떻게 알 수 있습니까? 구원받은 후에 당신에게는 어떤 변화가 있었습니까?

_____

_____

과제

   1) 오늘 살펴본 성경 구절들 중에서 중요하다고 생각되는 구절들을 써보세요.

   2) 요한복음 5장 24절을 암송하세요.

   3) 로마서 1-4장을 읽으세요.

2. 침례에 대하여

1. 구원받은 그리스도인은 침례를 받아야 합니다. 침례는 예수님께서 마태복음 28장 19절에서 명하신 내용이기도 합니다. 침례가 무엇을 상징하는 의식인지 로마서 6장 3-4절과 골로새서 2장 12절을 읽어봅시다.

_____

_____

2. 침례를 받는 시점으로는 언제가 좋을까요? 사도행전 2장 40-41절, 8장 12절, 8장 35-36절, 16장 32-33절을 읽고 말씀해 보세요.

_____

_____

3. 베드로전서 3장 21절과 갈라디아서 3장 27절은 침례의 의미를 어떻게 설명합니까?

_____

_____

> 침례는 마음속에 이루어진 구원의 사실을 외적으로 나타내는 간증이기도 하고, 그리스도인으로서 신실하게 살겠다는 서약이기도 합니다. 결혼식 없이 혼인 신고만 해도 합법적인 부부가 될 수 있지만 사람들이 결혼식을 하는 이유는 결혼식이 갖는 특별한 의미가 있기 때문입니다. 그리스도인에게 있어서 침례가 그와 같다고 할 수 있습니다.

4. 침례의 형식은 오늘날 크게 둘로 나누어져 있습니다. 머리에 물을 뿌리는 형식의 '세례'와 온 몸을 물에 잠그는 '침례'가 그것입니다. 성경에서 보여주는 형식은 어떤 것인지 요한복음 3장 23절, 마태복음 3장 13절, 사도행전 8장 36-38절을 읽고 말씀해 보세요.

_____

_____

_____

> 우리나라 성경에는 주로 '세례(洗禮)'라고 되어 있는데 이것은 번역상의 오류입니다. '침례(baptism)'라는 말의 어원은 헬라어의 '밥티조'인데 이는 '잠그다, 담그다'라는 의미이므로 '침례(浸禮)'가 옳은 번역입니다.

5. 당신은 침례를 받으셨습니까? 침례에 대해 오늘 새롭게 배운 것이 있다면 말씀해 보세요.

_____

_____

과 제

1) 오늘 살펴본 성경 구절들 중에서 중요하다고 생각되는 구절들을 써보세요.
2) 마태복음 28장 19절을 암송하세요.
3) 로마서 5-8장을 읽으세요.

3. 교회생활에 대하여

1. 그리스도인은 교회를 중심으로 신앙생활을 해야 합니다. 교회란 무엇이며(고린도전서 1:2a 참조), 교회를 중심으로 신앙생활을 해야 하는 이유는 무엇일까요?(에베소서 5:29-30 참조)

_____

_____

2. 교회의 기능과 역할 중에서 가장 중요한 두 가지는 무엇일까요? 아래 구절들을 읽고 말씀해 보세요.
   1) 요한복음 4:23, 이사야 43:21, 에베소서 1:5-6 _____
   2) 마태복음 28:19, 마가복음 16:15, 사도행전 1:8 _____

> 교회의 본질은 예배요, 사명은 전도라 할 수 있습니다. 그러므로 교회와 그리스도인은 이 두 가지를 정말 잘해야 합니다.

3. 초대 교회 성도들은 어떻게 신앙생활을 했는지 사도행전 2장 46-47절과 5장 42절을 읽어봅시다.

_____

_____

4. 초대 교회 성도들은 '성전'과 '집'을 중심으로 신앙생활을 하였습니다. '성전' 모임은 오늘날의 대그룹모임이라 할 수 있고, '집'모임은 소그룹모임이라 할 수 있습니다. 대그룹모임(주일예배)과 소그룹모임(구역, 셀, 목장모임 등)에는 각각 어떤 유익과 장점들이 있을까요?

_____

_____

5. 교회는 계속 지어져가는 성전과도 같습니다(에베소서 2:20-22). 교회를 잘 세우기 위해 당신이 해야 할 일은 무엇일까요? 아래 구절들을 읽고 말씀해 보세요.

  1) 히브리서 10장 24-25절 _____

  2) 베드로전서 4장 10절 _____

  3) 갈라디아서 6장 2절 _____

6. 교회생활을 소홀히 하거나 잘못하게 될 때 어떤 손해를 보게 될까요?

_____

_____

과 제

  1) 오늘 살펴본 성경 구절들 중에서 중요하다고 생각되는 구절들을 써보세요.

  2) 히브리서 10장 24-25절을 암송하세요.

  3) 로마서 9-12장을 읽으세요.

4. 개인 경건생활에 대하여

1. 하나님은 당신이 경건한 그리스도인으로 살기를 원하십니다(디모데전서 4:7). 경건한 그리스도인으로 살기 위해서는 말씀생활과 기도생활이 필수적이라 할 수 있습니다. 당신은 요즘 말씀과 기도생활을 어떻게 하고 있습니까?

_____

_____

2. 예수님은 경건생활을 어떻게 하셨는지 마가복음 1장 35절, 누가복음 5장 16절, 6장 12절을 읽고 말씀해 보세요.

_____

_____

_____

3. 시편 5편 3절과 143편 8절을 읽고 다윗의 경건생활에 대해 말씀해 보세요.

_____

_____

4. 말씀중심의 경건생활이 주는 유익에 대해서 아래 구절들을 읽고 말씀해 보세요.

1) 시편 119편 105절 _____

2) 시편 119편 97-100, 130절 _____

3) 시편 119편 104, 133절 _____

4) 시편 119편 50, 143절 _____

5) 시편 119편 165절 _____

5. 예수님, 다윗, 시편 119편의 저자(147-148절)는 주로 이른 아침시간을 이용하여 경건의 시간을 가졌습니다. 그 이유가 무엇일까요? 아침은 어떤 면에서 좋을까요? 당신은 하루 중 언제 주님과 교제하는 시간을 갖고 계십니까, 또는 갖기 원하십니까?

_____

_____

매일 규칙적으로 성경을 읽고 묵상하고 기도하는 것은 대단히 중요합니다. 개인의 경건생활은 규칙적인 말씀과 기도생활에서부터 시작된다고 해도 과언이 아닙니다. 말씀과 기도생활이 당신의 거룩한 습관이 되게 하십시오. 그 습관이 당신을 거룩한 사람으로 만들 것입니다.

과제

1) 오늘 살펴본 성경 구절들 중에서 중요하다고 생각되는 구절들을 써보세요.

2) 시편 143편 8절을 암송하세요.

3) 로마서 13-16장을 읽으세요.

3단계

성경적 교회로의 초대

신앙생활은 바르게 하는 것이 중요합니다. 신앙생활을 바르게 하려면 좋은 교회를 만나는 것이 무엇보다 중요합니다. 어떤 교회가 좋은 교회일까요? 성경대로 믿고 가르치는 교회가 좋은 교회입니다. 열린 마음으로 이 교재를 공부해 나갈 때 성경적인 교회가 어떤 교회인가를 발견하고, 성경적인 교회에서 바르게 신앙생활하게 되기를 기도드립니다.

"경기하는 자가 법대로 경기하지 아니하면 승리자의 관을 얻지 못할 것이며"(디모데후서 2:5)

3단계 순서

1. 주기도문, 사도신경, 축도에 대하여

2. 교회의 직분에 대하여

3. 세례와 유아세례에 대하여

4. 성령침례(성령체험)와 방언에 대하여

1. 주기도문, 사도신경, 축도에 대하여

1. '주기도문'을 매 예배 때마다 하는 교회가 있는가 하면 그렇지 않은 교회도 있습니다. 주기도문의 원래 취지는 무엇이었는지 마태복음 6장 9-13절과 누가복음 11장 1-4절을 읽고 말씀해 보세요.

_____

_____

2. '사도신경'은 성경에는 없는 내용입니다. 그럼에도 불구하고 오늘날 많은 교회에서 사도신경을 예배 중에 고백합니다. 사도신경을 하고 안하고가 정통과 비정통, 성경적인 교회와 비성경적인 교회의 기준이 될 수 있을까요?

_____

_____

> 신앙을 입으로 고백하는 것은 대단히 중요한 일입니다(로마서 10:9-10). 그러나 더 중요한 것은 그 고백이 마음으로부터, 구원의 체험으로부터 나와야 한다는 것입니다.

3. '사도신경'이 당신의 신앙을 잘 대변하고 있다고 생각하십니까? 내용에 있어 문제되는 것은 없습니까?

_____

_____

사도신경은 12사도에게서 나왔다는 주장도 있으나 오늘날과 같은 형태의 사도신경은 로마 가톨릭교회에서 나온 것입니다. 사도신경의 '거룩한 공회'는 영어로 'Holy Catholic Church', 즉 '거룩한 가톨릭(보편적인, 우주적인) 교회'이며, '성도가 서로 교통하는 것'은 '산 자와 죽은 자가 교통하는 것', 즉 '산 자가 죽은 성인(聖人)에게 기도하는 것'을 의미합니다.

4. 당신의 말로 할 수 있는 당신의 신앙고백은 무엇입니까?

_____

_____

5. 대부분의 교회는 축도로 예배를 마칩니다. '축도(祝禱)'는 말 그대로 '축복 기도'인데 꼭 어떤 형식(고린도후서 13:13)을 유지해야 하며, 손을 들고 해야 하는 것일까요? 축도를 하지 않는 교회도 있는데 그런 교회는 왜 축도를 하지 않는 것일까요? 베드로전서 2장 9a절("너희는… 왕 같은 제사장들")을 참고해서 말씀해 보세요.

_____

_____

과제

1) 오늘 살펴본 성경 구절들 중에서 중요하다고 생각되는 구절들을 써보세요.
2) 베드로전서 2장 9절을 암송하세요.
3) 베드로전서를 읽으세요.

2. 교회의 직분에 대하여

1. 우리나라 교회에는 성경이나 다른 나라 교회에는 없는 직분들이 있습니다. 예를 들면 어떤 것들이 있을까요? 성경에 나오는 교회의 직분에는 어떤 것들이 있습니까?

_____

_____

2. 성경을 잘 보면 '목사', '감독', '장로'는 결국 같은 직분인 것을 알 수 있습니다. 어떻게 해서 그런지 아래 성경 구절들을 통해 알아봅시다.
   1) 베드로전서 5장 1-4절 _____
   2) 디도서 1장 5, 7절 _____
   3) 사도행전 20장 17, 28절 _____

> 하나님께서 교회에 주신 직분은 목사(감독, 장로)와 집사입니다(빌립보서 1:1, 디모데전서 3:2, 8 참조). 목사(감독, 장로)는 교회의 지도자이며, 집사는 목사를 돕는 자입니다.

3. 사도행전 6장 1-6절에는 예루살렘 교회가 일곱 집사를 세우는 내용이 나옵니다. 집사를 세우게 된 배경이 무엇인지 말씀해 보세요.

_____

_____

4. 디모데전서 3장 1-13절을 읽고 목사(감독)와 집사의 자격에 대해 알아봅시다.

_____

_____

5. 수천, 수만 명이 모였던 예루살렘 교회에 집사가 7명이었던 것을 감안하면 오늘날 우리나라의 어떤 교회들은 집사가 너무 많은 듯합니다. 필요 이상으로, 그것도 자격 없는 사람들까지 집사로 세우는 이유가 무엇이라고 생각합니까?

_____

_____

6. 오늘날은 여자 목사, 여자 장로가 보편화되고 있는 추세입니다. 그러나 그것이 고린도전서 14장 34-35절, 디모데전서 2장 11-14절의 가르침과 대치되는 것은 아닐까요?

_____

_____

과 제

1) 오늘 살펴본 성경 구절들 중에서 중요하다고 생각되는 구절들을 써보세요.

2) 디모데전서 2장 12절을 암송하세요.

3) 디모데전서를 읽으세요.

3단계 　3. 세례와 유아세례에 대하여

1. 교회에는 침례(세례)라는 의식이 있습니다. 그 형태는 크게 '침례'와 '세례'로 나누어집니다. 어느 것이 성경적인 것일까요?(요한복음 3:23, 마태복음 3:13, 사도행전 8:36-38 참조)

_____

_____

_____

> 성경의 실례(實例) 외에도 침례가 상징하는 것(예수 그리스도와 함께 죽고 다시 살아남)이나 '침례'(baptism, baptize)라는 말의 어원(밥티조: 담그다, 잠그다)을 보아도 침례가 성경적인 것을 알 수 있습니다.

2. 침례이든 세례이든 그 형식은 그렇게 중요한 것이 아니라고 생각하는 분들이 있습니다. 그러나 우리에게 침례의 형식을 마음대로 할 수 있는 권한이 있을까요? 침례와 직접 관련된 말씀은 아니지만 전도서 3장 14절, 디모데후서 2장 5절, 잠언 22장 28절을 읽고 말씀해 보세요.

_____

_____

_____

3. 유아에게 세례를 베풀고, 침례가 세례로 바뀌게 된 배경에는 침례를 구원의 조건으로 잘못 생각한 사람들이 있습니다. 사도행전 2장 38a절이나 22장 16절을 보면 침례가 '죄 사함', 즉 구원의 조건인 것처럼 보이기도 합니다. 그러나 성경을 전체적으로 보면, 침례가 대단히 중요한 것임에는 틀림없지만 그렇다고 구원의 조건은 아닙니다. 예수님의 십자가 옆에 달렸던 강도가 좋은 예일 것입니다(누가복음 23:39-43). 그런데 왜 그런 구절들(침례가 구원의 조건처럼 보이는)이 성경에 있을까요?

_____

_____

> 성경에는 유아가 침례(세례)를 받았다는 기록이 없습니다. 침례는 예수님을 믿은 사람들이 자신의 신앙고백을 근거로 받는 것이므로 유아에게는 해당될 수가 없습니다. 구약의 할례나 예수님께서 아이들을 축복해 주신 것을 유아세례의 근거로 제시하는 분들도 있지만 그것은 성경을 억지로 해석한 것에 불과합니다.

4. 당신은 언제 성경적인 침례를 받았습니까?

_____

5. 세례나 유아세례에 대해서 오늘 새롭게 발견한 것이 있다면 말씀해 보세요.

_____

과 제

1) 오늘 살펴본 성경 구절들 중에서 중요하다고 생각되는 구절들을 써보세요.
2) 디모데후서 2장 5절을 암송하세요.
3) 디모데후서를 읽으세요.

4. 성령침례(성령체험)와 방언에 대하여

1. '성령체험'이라 불리기도 하는 '성령침례'란 무엇일까요? 사도행전 1장 5절과 8절을 읽고 말씀해 보세요.

_____

_____

2. 유대인들에게는 오순절 날 성령이 처음으로 임했습니다(사도행전 2장). 오늘 날 구원받는 그리스도인들에게는 언제 성령이 임하는 것일까요? 사도행전 19 장 2a절, 에베소서 1장 13절, 로마서 8장 9절, 고린도전서 12장 3절을 읽고 말 씀해 보세요.

_____

_____

_____

_____

  사도행전을 보면 구원받는 시점과 성령 받는 시점이 서로 다른 것처럼 보입니 다. 그러나 성경을 전체적으로 잘 보면 성령은 구원받는 순간에 받는 것임을 알 수 있습니다. 사도행전에서는 구원받은 유대인(2장), 사마리아인(8장), 이방인들 (10장)에게 처음으로 성령이 임하는 것을 보여주다 보니 그 시점이 다를 수밖에 없는 것입니다.

3. 오순절 날 성령을 받은 제자들은 배운 적이 없는 이 땅의 '다른 언어들(방언들)'로 말하기를 시작했습니다(사도행전 2:4, 7-8). 하나님께서 그들에게 방언의 은사를 주신 목적이 무엇일까요? 사도행전 2장 11절, 고린도전서 14장 22a절, 사도행전 1장 8절을 읽고 말씀해 보세요.

_____

_____

_____

4. 오늘날에는 이 땅의 언어가 아닌 이상한 방언을 하는 분들이 많습니다. 그분들은 고린도전서 14장 2절과 13-14절을 내세우며 이 땅의 언어가 아닌 방언도 있다고 말합니다. 고린도전서 14장 2절과 13-14절의 의미는 무엇일까요?

_____

_____

5. 방언의 은사는 오늘날에도 존재하는 것일까요? 고린도전서 13장 8-10절과 히브리서 2장 3b-4절을 읽고 당신의 생각을 말씀해 보세요.

_____

_____

과 제

1) 오늘 살펴본 성경 구절들 중에서 중요하다고 생각되는 구절들을 써보세요.
2) 사도행전 1장 8절을 암송하세요.
3) 에베소서를 읽으세요.

〈1단계〉성경 암송구절

1-1

모든 성경은 하나님의 감동으로 된 것으로
교훈과 책망과 바르게 함과 의로 교육하기에 유익하니
(디모데후서 3:16)

1-2

창세로부터 그의 보이지 아니하는 것들
곧 그의 영원하신 능력과 신성이
그가 만드신 만물에 분명히 보여 알려졌나니
그러므로 그들이 핑계하지 못할지니라
(로마서 1:20)

1-3

그러므로 한 사람으로 말미암아 죄가 세상에 들어오고
죄로 말미암아 사망이 들어왔나니
이와 같이 모든 사람이 죄를 지었으므로
사망이 모든 사람에게 이르렀느니라
(로마서 5:12)

1-4

영접하는 자 곧 그 이름을 믿는 자들에게는
하나님의 자녀가 되는 권세를 주셨으니
(요한복음 1:12)

〈2단계〉 성경 암송구절

2-1
내가 진실로 진실로 너희에게 이르노니
내 말을 듣고 또 나 보내신 이를 믿는 자는
영생을 얻었고 심판에 이르지 아니하나니
사망에서 생명으로 옮겼느니라
(요한복음 5:24)

2-2
그러므로 너희는 가서 모든 민족을 제자로 삼아
아버지와 아들과 성령의 이름으로 침례를 베풀고
(마태복음 28:19)

2-3
서로 돌아보아 사랑과 선행을 격려하며
모이기를 폐하는 어떤 사람들의 습관과 같이 하지 말고
오직 권하여 그 날이 가까움을 볼수록 더욱 그리하자
(히브리서 10:24-25)

2-4
아침에 나로 하여금 주의 인자한 말씀을 듣게 하소서
내가 주를 의뢰함이니이다
내가 다닐 길을 알게 하소서
내가 내 영혼을 주께 드림이니이다 (시편 143:8)

〈3단계〉 성경 암송구절

3-1
그러나 너희는 택하신 족속이요 왕 같은 제사장들이요
거룩한 나라요 그의 소유가 된 백성이니
이는 너희를 어두운 데서 불러 내어
그의 기이한 빛에 들어가게 하신 이의
아름다운 덕을 선포하게 하려 하심이라
(베드로전서 2:9)

3-2
여자가 가르치는 것과 남자를 주관하는 것을
허락하지 아니하노니 오직 조용할지니라
(디모데전서 2:12)

3-3
경기하는 자가 법대로 경기하지 아니하면
승리자의 관을 얻지 못할 것이며
(디모데후서 2:5)

3-4
오직 성령이 너희에게 임하시면
너희가 권능을 받고 예루살렘과
온 유대와 사마리아와 땅 끝까지 이르러
내 증인이 되리라 하시니라
(사도행전 1:8)

2-1 〈요한복음 5:24〉

내가 진실로 진실로 너희에게 이르노니
내 말을 듣고 또 나 보내신 이를 믿는 자는
영생을 얻었고 심판에 이르지 아니하나니
사망에서 생명으로 옮겼느니라

1-1 〈디모데후서 3:16〉

모든 성경은 하나님의 감동으로 된 것으로
교훈과 책망과 바르게 함과 의로
교육하기에 유익하니

2-2 〈마태복음 28:19〉

그러므로 너희는 가서
모든 민족을 제자로 삼아
아버지와 아들과 성령의 이름으로
침례를 베풀고

1-2 〈로마서 1:20〉

창세로부터 그의 보이지 아니하는 것들
곧 그의 영원하신 능력과 신성이
그가 만드신 만물에 분명히 보여 알려졌나니
그러므로 그들이 핑계하지 못할지니라

2-3 〈히브리서 10:24-25〉

서로 돌아보아 사랑과 선행을 격려하며
모이기를 폐하는 어떤 사람들의
습관과 같이 하지 말고 오직 권하여
그 날이 가까움을 볼수록 더욱 그리하자

1-3 〈로마서 5:12〉

그러므로 한 사람으로 말미암아
죄가 세상에 들어오고
죄로 말미암아 사망이 들어왔나니
이와 같이 모든 사람이 죄를 지었으므로
사망이 모든 사람에게 이르렀느니라

2-4 〈시편 143:8〉

아침에 나로 하여금
주의 인자한 말씀을 듣게 하소서
내가 주를 의뢰함이니이다
내가 다닐 길을 알게 하소서
내가 내 영혼을 주께 드림이니이다

1-4 〈요한복음 1:12〉

영접하는 자 곧 그 이름을 믿는 자들에게는
하나님의 자녀가 되는 권세를 주셨으니

3-1 〈베드로전서 2:9〉

그러나 너희는 택하신 족속이요
왕 같은 제사장들이요
거룩한 나라요 그의 소유가 된 백성이니
이는 너희를 어두운 데서 불러 내어
그의 기이한 빛에 들어가게 하신 이의
아름다운 덕을 선포하게 하려 하심이라

3-2 〈디모데전서 2:12〉

여자가 가르치는 것과
남자를 주관하는 것을 허락하지 아니하노니
오직 조용할지니라

3-3 〈디모데후서 2:5〉

경기하는 자가 법대로 경기하지 아니하면
승리자의 관을 얻지 못할 것이며

3-4 〈사도행전 1:8〉

오직 성령이 너희에게 임하시면
너희가 권능을 받고 예루살렘과
온 유대와 사마리아와 땅 끝까지 이르러
내 증인이 되리라 하시니라